AF278604

UN ANNIVERSAIRE

LE 16 MARS

PAR

Mme GEORGIADES

NÉE ROTA

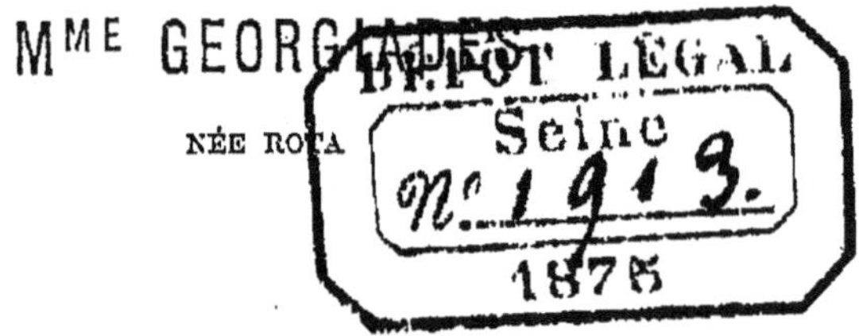

PARIS

E. LACHAUD & Cie, ÉDITEURS

4, PLACE DU THÉATRE-FRANÇAIS, 4

1875

UN ANNIVERSAIRE NATIONAL

LE 16 MARS

Le Prince Impérial vient de finir ses études à Woolwich avec un incontestable succès. Ses condisciples ont rendu un hommage complet à ses travaux, au mérite qu'ils attestent, et la presse de la Grande-Bretagne a été unanime à saluer la haute intelligence, l'application, la persévérance du fils de Napoléon III.

Par là, le Prince a prouvé qu'il est digne des hautes destinées que l'amour du peuple français lui prépare, que la Providence lui réserve.

On dit que le malheur abat les esprits ordinaires, tandis que les natures d'élite, au contraire, savent grandir et s'affirmer au milieu même des plus terribles épreuves.

Certes, le Prince Impérial, comme fils, comme Français eut à supporter les douleurs les plus cruelles, les plus atroces. Et il fut frappé au moment où les coups devaient lui être particulièrement sensibles, à cet âge

UN ANNIVERSAIRE NATIONAL

LE 16 MARS

Le Prince Impérial vient de finir ses études à Woolwich avec un incontestable succès. Ses condisciples ont rendu un hommage complet à ses travaux, au mérite qu'ils attestent, et la presse de la Grande-Bretagne a été unanime à saluer la haute intelligence, l'application, la persévérance du fils de Napoléon III.

Par là, le Prince a prouvé qu'il est digne des hautes destinées que l'amour du peuple français lui prépare, que la Providence lui réserve.

On dit que le malheur abat les esprits ordinaires, tandis que les natures d'élite, au contraire, savent grandir et s'affirmer au milieu même des plus terribles épreuves.

Certes, le Prince Impérial, comme fils, comme Français eut à supporter les douleurs les plus cruelles, les plus atroces. Et il fut frappé au moment où les coups devaient lui être particulièrement sensibles, à cet âge où il n'était plus assez jeune pour n'en pas ressentir toute la portée, où il n'était pas encore fait à toutes les vicissitudes de la vie.

Pourtant, depuis son exil, le Prince n'a cessé de montrer un calme absolu, une imperturbable résignation.

Il venait de voir la catastrophe de son pays, il venait d'assister à la mort imprévue de son bien-aimé père; son cœur était brisé; cependant, il sut faire violence à sa douleur, il ne déserta pas un seul instant ses études, il continua de s'y adonner tout entier, subissant sans interruption, et toujours avec succès, des examens qu'une langue étrangère devait lui rendre particulièrement difficiles. Le souvenir de son grand'oncle, de son père le soutenait : il voulait se montrer digne d'eux.

Où trouver cependant une infortune plus grande que la sienne. Quel désespoir quand il apprit que son auguste père venait de succomber; quels sanglots auprès du lit mortuaire. Qu'il a souffert aussi quand nos premières défaites plongeaient la France dans le deuil ; à la nouvelle de Sedan, quand il savait l'Empereur prisonnier de l'Allemagne; lorsqu'il lui était défendu de partager les périls de ses concitoyens, de pleurer avec eux sur les malheurs de la patrie.

Celui qui était ainsi éprouvé était né sur les marches d'un trône, au milieu des acclamations d'un pays tout entier; c'était le fils d'un souverain naguère encore tout puissant, l'héritier de trois plébiscites, l'élu de millions de suffrages.

*
* *

La fortune avait un instant changé, et tout s'était écroulé. Les éternels agitateurs, les ennemis jurés de la société pouvaient se réjouir. Ils avaient renversé l'Empire, en même temps ils avaient abattu la patrie, mais que leur importait. Ne disaient-ils pas publiquement que la perte de la Lorraine et de l'Alsace était largement compensée par le renversement de l'Empire?

Qu'avait donc fait ce tyran, ce despote dont la chute dédommageait la France de l'enlèvement de ses deux plus chères provinces?

Il tenait son droit de la source la plus pure et la plus sacrée : de la volonté nationale. Les Napoléons ne se sont jamais imposés à la France par l'inquisition, par des barricades, par des émeutes, par les baïonnettes étrangères. Il ne se revendiquait pas de ce prétendu droit divin qui, prêtant à la Providence des desseins qu'elle n'a jamais eus, imposerait aux peuples, même un insensé comme Charles VI, ou un idiot comme Louis V, sous prétexte que ce fou, que cet idiot descend — ou peut descendre — d'une longue suite de souverains.

Ces superstitions ne sont plus de notre temps: le progrès des esprits les a désormais proscrites ; par la révolution de 1789, au prix du sang de ses plus nobles enfants, la France a conquis son indépendance, le droit de choisir ses chefs. Comme elle, toutes les nations aspirent maintenant à la même prérogative : la semence bienfaitrice de la liberté qui reposait depuis si longtemps dans tous les cœurs a germé enfin : il serait désormais impossible de l'étouffer.

Napoléon III comprenait ces grandes vérités; il ne se réclamait que de la volonté du peuple: mais il ne se contentait pas d'en appeler à une aussi noble origine : il s'appliquait sans cesse à la mériter complétement : tous ses instants étaient consacrés au bonheur des Français.

L'histoire enregistrera les actes de clémence, de générosité, de paternelle sollicitude qui remplissent sa vie. Il nous suffira de dire que, si jamais souverain mérita le nom de Père du peuple, ce fut assurément Napoléon III.

Pendant les vingt années de son règne, la France fut à l'apogée de la prospérité et de la puissance.

Elle était l'arbitre de l'Europe : le drapeau tricolore flottait victorieux dans l'Asie et dans l'Afrique, dans l'ancien comme dans le nouveau monde, de Sébastopol à Mexico.

L'industrie et le commerce partageaient l'heureuse fortune des armes : les traités internationaux apportaient à la France les richesses étrangères. L'Exposition de 1867, cette merveille du 19e siècle, couronnait merveilleusement cet admirable édifice. Seule elle suffirait pour attester irréfragablement et la prospérité de la France, et la haute sagesse, le puissant génie de l'homme qui avait su préparer, mener à bonne fin une œuvre aussi magnifique.

Qui ne se rappelle aussi ces innombrables aumônes, les pensions, les secours prodigués aux veuves et aux orphelins, la création des cités ouvrières, ces hospices élevés pour les pauvres convalescents, ces innombrables institutions qui toutes témoignent de la sollicitude de l'Empereur pour l'instruction, pour le bonheur, pour l'avenir des masses populaires.

Ah! c'était en vérité un singulier despote, un étrange tyran!

Nous n'oublions pas l'éternelle attaque des ennemis de Napoléon III : « Pourquoi n'a-t-il pas conjuré la guerre de 1870 ? »

Sur ce point, encore, la réponse est facile. L'Empereur voyait le danger de loin, car, dès 1866, voulant empêcher la guerre austro-prussienne, il proposait un congrès des puissances de l'Europe ; cherchant ainsi à résoudre autour d'un tapis vert les querelles qui se vident d'ordinaire sur les champs de bataille.

Il montrait ainsi, une fois de plus, cette bonté opiniâtre qui le distinguait; s'efforçant d'aplanir pacifiquement les difficultés des nations, sans recourir à l'argument terrible et cruel du canon.

Malheureusement cette noble pensée ne trouva pas d'écho. Les gouvernements convoqués refusèrent d'écouter l'appel qui leur était fait, et aux titres si nombreux qu'il avait le droit d'invoquer auprès de l'humanité, Napoléon III ne put ajouter celui de fondateur de la paix universelle.

Il ne lui était pas permis de proscrire la guerre, il s'efforça alors d'y préparer son pays, de le rendre invincible : assurément, il y serait parvenu, sans certaines individualités sinistres qui ont toujours fait le malheur de leur patrie.

On n'a pas oublié les efforts désespérés du confident de la pensée de l'Empereur, du maréchal Niel, quand il suppliait le Corps législatif de lui accorder les ressources nécessaires pour mettre l'armée française en état de lutter contre les masses allemandes qui nous avaient voué une haine implacable, et qui travaillaient patiemment, obstinément, à venger les défaites d'Iéna et d'Auerstœdt.

Mais l'opposition se glorifiait d'être irréconciliable; elle s'acharnait sur les projets, si sages, si prévoyants, de l'Empereur et de son ministre; elle refusait, elle faisait refuser l'argent nécessaire au développement de l'armée, à la sauvegarde du territoire national. C'est à ces agissements antipatriotiques, à ces votes funestes qu'il faut faire remonter la responsabilité de nos défaites.

*
* *

Les républicains, les royalistes ont coutume d'objecter que l'Empereur était le chef suprême de la nation, et qu'en cette qualité il dépendait de lui de ne pas accepter la guerre.

C'est oublier volontairement qu'à cette époque l'Empereur n'était plus un chef absolu, mais un souverain constitutionnel, qu'il ne pouvait plus agir selon ses seules inspirations, qu'il devait avant tout se décider d'après les volontés des Chambres.

Nous serions curieux de savoir quel langage auraient tenu ceux mêmes qui reprochent à Napoléon III de n'avoir pas imposé ses préférences personnelles, s'il avait voulu se mettre en travers de l'incontestable ardeur belliqueuse qui entraînait alors les Assemblées et la nation. Qu'ils auraient crié au despotisme, à la tyrannie!

Il ne sied pas à ceux qui ont toujours travaillé à affaiblir l'autorité de l'Empereur, de l'accuser de ne pas s'être assez servi de cette autorité.

Napoléon III ne montra jamais plus de désintéressement que lorsqu'il entreprit cette terrible guerre. Ni lui, ni sa dynastie ne pouvaient y gagner : que pouvait-il y désirer au lendemain du plébiscite? Mais ce n'était pas pour son trône, pour sa dynastie, qu'il marchait à la frontière.

Il était le protecteur de l'honneur de la France. Il ne devait pas souffrir qu'on y portât atteinte! La Prusse nous avait jeté le gant, il descendait dans le champ clos à la tête de son armée.

*\
* *

Sur les champs de bataille du Rhin et des Ardennes, dans les fonds de Givonne, il déploya cette froide intrépidité, cet impossible héroïsme qu'il avait tant de fois montrés en Italie, dans des jours plus heureux. Pendant cinq heures, à Sedan, il chercha la mort et la mort le fuyait : les balles ne voulaient pas de lui.

Ne s'appelait-il pas Napoléon ? Ne devait-il pas ajouter à la gloire de son nom la couronne du martyr? Napoléon Ier avait eu Waterloo et Sainte-Hélène; Napoléon III devait avoir Sedan et Chislehurst.

Il avait été le compagnon de ses soldats pendant le combat, il ne voulut pas les quitter après la défaite. Il partagea leur captivité; cherchant sans cesse à adoucir leur sort, se faisant encore leur défenseur, quand la paix était signée.

Nous croyons inutile de répondre à ceux qui reprochent à Napoléon de ne s'être pas donné la mort. Si, à Sedan, il s'était laissé aller à cet acte de désespoir, toute l'armée refoulée dans la ville, soixante-dix mille hommes périssaient inutilement. Seul, il pouvait, s'élevant au-dessus des récriminations, des colères, décider en temps opportun un sacrifice bien cruel, mais que la nécessité imposait. Puis, il était de ces hommes qui savent regarder le danger en face, et supporter le malheur sans fléchir. La résignation est la vertu des âmes fortes.

L'histoire nous fournit de nombreux exemples de souverains dont, certes, il est impossible de contester la bravoure, et qui, cependant, ne songèrent pas à éviter la captivité par le suicide. Saint Louis, prisonnier des infidèles chercha-t-il à mourir? Est-ce que le roi chevalier, François Ier, se perça de son épée et ne se résigna pas à la rendre. A ses yeux, la défaite n'excluait pas la gloire. Après Pavie, n'écrivait-il pas : « Tout est perdu, fors l'honneur. »

La postérité flétrira ceux qui se firent les complices des Prussiens, ceux qui se courbaient devant Napoléon heureux et qui insultèrent à Napoléon tombé, ceux qui renversèrent l'Empereur que la nation entière avait acclamé quelques jours auparavant.

Et pourquoi? Parce que la fortune des combats l'avait trahi, parce que, affaibli par la fatale politique du désarmement, il n'avait pu opposer aux masses ennemies des forces égales, parce qu'il avait succombé sous le nombre.

Mais ne nous appesantissons pas trop longtemps sur ces tristes souvenirs. De beaux jours luiront encore pour la France, l'étoile des Napoléons brillèra de nouveau.

Souvent la Providence, pour des raisons qu'il nous est interdit de pénétrer, permet de terribles catastrophes, châtie les hommes trop orgueilleux de leur grandeur, les nations trop fières de leur force et de leur gloire.

Peut-être veut-elle ainsi nous faire comprendre à tous qu'au-dessus de nous existe une puissance supérieure à la nôtre, suprême, créatrice et maîtresse de l'univers, devant laquelle il faut courber la tête et humilier notre orgueil.

✳
✳ ✳

Quand les temps marqués pour l'épreuve sont finis, paraît un homme qui devient l'instrument de la clémence divine, à qui est dévolue la mission de sauveur.

Si le Prince Impérial est appelé à cette tâche, il n'y faillira pas; son noble cœur nous l'atteste.

Il a pour se guider d'illustres exemples : il s'inspirera des grandes vies des deux premiers Napoléons, des sublimes testaments qu'ils ont laissés, de cette grande maxime qui n'a pas cessé de dicter leurs actes : « Tout pour le peuple et par le peuple. »

C'est à ce principe constamment mis en pratique que les Bonaparte doivent leur prestige et leur force. En vain on cherchera à les atteindre. On pourra poursuivre des comités, proscrire des photographies, s'opposer à la plus innocente propagande ; on n'enlèvera pas à l'Empire les cœurs qui lui sont restés fidèles, on n'empêchera pas les esprits de lui revenir chaque jour.

La légende napoléonienne n'est pas morte : dans les mansardes, dans les chaumières, on trouve les images des vainqueurs d'Austerlitz et de Magenta, et quand les événements deviennent graves, quand l'avenir s'obscurcit, les regards du peuple se tournent du côté de l'Angleterre. Et chaque paysan pense ce que pensait le paysan de Fiévée.

Et la France n'est pas seule à ressentir cet enthousiasme : parmi toutes les nations, même parmi celles qui ont des institutions différentes des nôtres, la famille providentielle des Bonaparte est l'objet d'une universelle admiration.

Espérons qu'un jour viendra où nous pourrons, en France, rendre aux cendres de Napoléon III un juste tribut d'hommages, où elles reposeront auprès de celles du chef de la dynastie, du proscrit de Sainte-Hélène.

Les dépouilles de l'Empereur des Français appartiennent à la France : il ne faut pas qu'elles restent éternellement sur la terre étrangère. Les haines, les colères doivent se taire devant un cercueil, surtout quand le mort s'appelle Napoléon III.

Il incarnait dans sa personne la bonté la plus ineffable, l'humanité la plus persévérante; il nous a laissé d'ineffaçables souvenirs de prospérité, de bonheur et de gloire.

Il était le représentant accompli de la monarchie moderne, sachant s'inspirer des idées de son peuple, sans cesse occupé à mettre en pratique ses volontés, cherchant toujours à s'éclairer lui-même et à éclairer les autres; travaillant jusqu'à son dernier jour, répandant à flots l'instruction dans les masses, découvrant la solution des grands problèmes politiques et sociaux de son temps, préparant toutes les grandes réformes.

La grande idée du service militaire obligatoire lui appartenait : il avait commencé à la mettre en pratique, en l'inscrivant dans la loi sur la garde mobile.

Le temps lui a manqué pour terminer nombre d'entreprises, pour accomplir tous ses desseins. D'autres ont récolté ce qu'il avait semé et ont voulu s'approprier une gloire qui ne leur revenait pas; mais l'opinion publique sait faire la part de chacun, et rendre à César ce qui appartient à César.

* *
*

A l'approche du 16 Mars, nous avons voulu exprimer les souvenirs que nous inspire cet anniversaire national. Ces souvenirs disent nos vœux, nos espérances, sans qu'il soit besoin d'insister davantage. Nous avons la confiance que la Providence saura les réaliser.

4 mars 1875.

Paris.— Imprimerie Parisienne, L. Edmonds et Frères, impasse Bonne-Nouvelle, 5.